' कैफ़ियत ' मेरा दूसरा काव्यसंग्रह है जो की पूर्णतह मेरे द्वारा लिखी हिंदी कवितावो का संकलन है . मेरा पहला काव्यसंग्रह ' चैत्रांगण ' मराठी , हिन्दी और अंग्रेज़ी इन तीन भाषाओं में लिखी कवितावो का संकलन था जो नवंबर २०२२ में प्रकाशित हुवा था.

हर एक इंसान की अपनी एक कैफ़ियत होती है . कोई खुलके बयान करता है तो कोई होता है जो दुनिया को बताना तो चाहता है लेकिन कह नहीं पाता . इसीलिए वो अपने खयाल लिखने लगता है , फिर चाहे वो शायरी के धागे में अपने अल्फाज़ो को बुनने लगता है या किसी कहानी के ज़रिये अपनी कैफ़ियत बयान करता है . ये काव्यसंग्रह उसी कैफ़ियत को दुनिया तक लाने का एक ज़रिया है.

इस काव्यसंग्रह के तहत में तमाम् उन लोगो का शुक्रिया करना चाहूँगा , जिन्होंने किसी ना किसी रूप् में मेरी कवितावों को प्रशंसित कर उसे और बढ़ावा दिया , जिसकी बदौलत में अपना दूसरा काव्यसंग्रह प्रकाशित करने का हौसला मिला.

एक था पुल...

सदियों से जो खड़ा था डटकर

एक पुल कही पे

पुछ रहा है कई सवाल कुछ मुर्दा

तो कुछ ज़िंदा लाशों के ढेर लिये

धूप बारिश में भी जिसकी नीव भी ना हिली कभी

कुछ कागज़ के टुकड़े क्या जुड़ गये

आज कुछ पल में ही धम से बिखर गयी

ज़िंदा है ख़वाब

साल जैसे गुजरते जाते है
ख़वाब और धुँदले हो जाते है
सपने हासिल करने की चाहत में
जाने कितने लम्हे जीना भूल जाते है

पर आज भी रगो में ख़ून है दौड़ता
इस बात से अपना हौसला बढ़ाते है
इक ख़वाब को जो फिसला था कंधों से कभी
उसे उठाकर आज फिरसे सीने से लगाया है

सेलिब्रिटी

कहने को तो सेलिब्रिटी है
पर वो भी तो आख़िर इंसान है
इस नाम शौहरत के अलावा
उनकी भी अपनी एक पहचान है

बड़ी बड़ी गाड़ियों के पीछे
सेकडो मिलो की भागदौड़ है
इस चमक धमक के आइने तले
ना जाने खोया कितनी रातों का चैन है

दूध का धूला वो भी नही
उसने भी कुछ ऐब होते है
पर समझ नही पाते कुछ लोग
जो बेवज़ह उन्हें ट्रोल करते है

उनकी निजी ज़िन्दगी का भी
थोडा अदब फ़रमाइये
परेशानियाँ उन्हें भी है होती
इस बात का बस ख़याल रखिये

अपनी ख़ामियाँ का बोझ
उनके कंधो पर सौंपना
ज़माने की पुरानी फ़ितरत है
कहने को तो वो है एक सेलिब्रिटी
बस याद रहे आख़िर वो भी तो इंसान है

दबी ख़्वाहिशे

एक दबी ख़्वाहिश किसीके
रूह की सिलवटों में क़ैद है होती
ज़ाहिर जो कभी हुई ज़माने में
सवालों की ज़ंजीरो में बेवज़ह ही लिपट जाती

रूबरू हो कोई अपने ही क़िस्म से
इतना भी किसीका हक़ नही
माना थोड़ी राहत मिली दफ़ाओं में
फिर भी ना ज़माने को मंज़ूर हूवी

नया दशहरा

रावण तो बहुत जललिए
इस बार कुछ दिए जलाये
मिटाके अतीत की बुराइयाँ
मन की रोशनी जगमगाये

बेतूकी उम्मीद

बेवज़ह उम्मीद लगा बैठे उनसे
जिनपे कभी ज़ाहिर किये
थे राज़ हमने दिल के
कमबख़्त उनकी ख़ुशी में
भी हमे शरीक ना कर सके

तारिफ़ो में ना उलझो तुम

यूँ ना तारिफ़ो में
उलझे रहो इस कदर तुम
के तारिफ़ो की वजह ही
भूल जाओ तुम
ये तो आग़ाज़ है
नयी मंज़िलो का
इसे ना अभी अंजाम समझो
तारीफ़ों में उलझकर तुम

तर्जुमा

तर्जुमा मेरे ख़यालों का
कोई जाके समझाये उसे
पूरी दास्तान सुनकर भी
जो अब तक मुझसे अनजान है

चुभती ख़ामोशी

एक वक़्त था जब
हमारी कलम से निकला हर एक लब्ज़
भीग जाता तुम्हारी तारीफ़ के बारिशों में
मगर अब भरी मैफ़िल में
तालियों की गूँज में छिपी
तुम्हारी ख़ामोशी ही
इस दिल को चुभती है

दोस्ती

जब अपने ही मुँह फेर लेते

तब दोस्त ही अक़्सर हात है बढ़ाते

कभी जो भूखे रहे तुम

तो अपना निवाला तुम्हें है खिलाते

ज़िन्दगी है वो साहिल

जिसे दोस्ती की लहर है गुदगुदाती

कितनी भी भटके तूफ़ान में तुम्हारी नय्या

साथ तुम्हारा कभी ना ये छोड़ती

पुराना यार मिला दे

यूँ ना ज़िन्दगी से सताया होता

अगर ग़म अपना तुमने किसी से बाट लिया होता

इतना भी ना रूठो अपने आप से

बस एक बार खुलके मुस्कुराया होता

माना वक़्त का दौर तेरा

मुश्किलों से है गुज़र रहा

बस थोडा हौसला और उम्मीद रख

यही है तुझसे कहना हमारा

ख़ुशी के हमारे ना होगा ठिकाणा

जब मिलेगा चहकता पुराना यार हमारा

जियो गुलज़ार

जब तक रहे इस जहाँ में
यूँही भीगते रहे आपकी नज़्मों
की बारिशों में
दुआ है यही रब से हमारी
ये अब्र यूँही बरसता रहे
शायरी की कायनात में

नूर

रोशनी से जगमगा उठा इस क़दर
हमारा आशियाँ उनके आने से
चाँद तो चाँद
ये आफ़ताब भी शर्मा गया
उनके चेहरे का नूर देखकर

गुजरे पल मनाये

एक उम्र गुज़री फर्ज़ निभाते निभाते
अब जाके कुछ फ़ुरसत नसीब हुयी है
छूट गये थे ज़ो कुछ हसीन लम्हे
आज यारों संग दो पल बैठकर फ़िरसे गुज़ारने है

रुखसत

पलके होने लगी हमारी नम
घड़ी जो तुम्हारी रूख़सत की आयी क़रीब
पर याद जब आयें तुम्हारे संग बिताये लम्हे
दिल बोल उठे जहनसीब जहनसीब

काश नज़्मों को समझा होता

नज़्मों को हमारी सुनकर
ख़ूब बजायी थी तुमने तालियाँ
कभी जो महसूस करते उनका कहना
तो समझ पाते हमारे दर्द की गहराइयाँ

अजनबी लोग

जुड़ जाते है कुछ लोग
ज़िन्दगी के लंबे सफ़र में
कुछ चंद लम्हे रहते है साथ
तो कोई साँस बनकर दौड़ते है रगों में

लेखक का जीवन

सोच की नय्या में बैठे
निकल पड़ता ढूँढने
रोज़ एक नया किनारा
कभी सही सलामत
लहरो पे तैर लेता
तो कभी ख़यालों के
बवंडर में है यू खो जाता
की देर तक गुमशुदगी के
पानी में देर तक झटपटाटा
पर निकल कर जब बाहर आता
तो नये खयालों के साहिल पर
अपने आप को देखकर मुस्कुराता

दोराहा

मुश्क़िल थी इगर
फ़िर भी चल पड़े थे
किसीके भरोसे पर
बीच राह में कुछ यूँ करवट ली ज़िन्दगी ने
फ़िर से खड़े मिले हम दोराहे पर

ताश के पत्ते

गुम हो गये वो अलमारी
में रखे पुराने ताश के पत्ते
जिनसे जुड़े थे
कई हसीन लम्हों के क़िस्से

पत्तो के इर्द गिर्द
मिलकर इखट्टा होता परिवार
आँखो से इशारे करते करते
खुल जाते थे बंद रिश्तों के द्वार

लंबा सफ़र काटने का
दायरा बनते ये ताश के पत्ते
खेल के बहाने क़िस्से बाटकर
अजनबी बनते ज़िन्दगी भर के साथी सच्चे

अब तो अलमारी ही नसीब होती

उन ताश के पत्तो को

क़ैद होके बेजान सी स्क्रीन में

बस याद करते बीते कल को

बेरहम लत

अज़ीब सी लत लगी है देश के नौजवानों को
ऑनलाइन रमी और ड्रीम इलेवन में
आज़मा रहे है ख़ुद की क़ाबिलियत को

आये है नये ज़माने के जूवारी सौदागर का भेस पहनकर
लूट रहे है आपका पैसा
जुवे को फ़ैंटसी गेम्ज़ का प्यारा सा नाम देकर

झटपट पैसे कमाने के नये तरीक़े है बताते
जोखिम की चेतावनी देकर जैसे ज़िम्मेदारी का एहसास है
जताते

ताज़ुब है जब मशहूर सितारे
इसकी हौसलाफ़ज़ाइ है करते
दिल और दिमाग़ से खेलो कहकर
असली मेहनत के राह से गुमराह है करते

समझ जब आती है भूल तो बहोत देर है हो जाती
छिनकर आपसे वक़्त और पैसा
ये लत देखो कैसे बेरहमी से है मुस्कुराती

आज का अख़बार

सुर्ख़ियाँ जो कभी बेख़्वाफ सियासतों की नींदे थी हराम करती
आज वही होशियारी से सियासत की ग़लतियाँ है छुपाती

कभी वेब सिरीज तो कभी नया धारावाहिक
हक़दार बनता पहिले पन्ने का क़िस्सा
इश्तहारों तले जैसे दब जाता है
आम आदमी का उबलता गुस्सा

जवान और किसान की कुर्बानी
दफ़नाई जाती है किसी कोने में
और गली का कुत्ता सीना ताने
झलकता है पहिले पन्नो की सुर्ख़ियों में

फिर भी कोई क़लम उठाये अगर
दबाई जाती है वो आवाज़ इस क़दर
जांच की सुर्ख़ियाँ छपती है उसी अख़बार में
बेशरमी से हसते मुज़रीमो की तस्वीरें छापकर

इंतेज़ार है हमे उस वक़्त का
जहा फिर से बेख़वाफ़ छपेगी असली ख़बर
प्रजातंत्र का चौथा स्तंभ बनेगा अख़बार
दोबारा आख़ों से आँख मिलाकर

अक़्स

बेमौसम बरसात तो बस
अब हो गयी आमसी बात है
इंसान की हर पल बदलती फ़ितरत का
कुदरत में जैसे अक़्स झलक रहा है

जंग

कुछ पुराने कुछ नये
सियासती हिसाब होते है चुकाने
आपसी रंजिशों के चलते
लिये जाते है फ़िर जंग के फ़ैसले

महफ़ूज़ कमरों में हुए जो कारोबार
अक़्सर आवाम ने अपनी जान से चुकाये
तबाह हुए जाने ही कितने बचपन और जवानियाँ
जंग ने बदली जाने कितनी रोज़नामो की कहानियाँ

कभी होती है बंब गोलो की बौछार
तो कभी वाइरस का छुपा वार
आज फ़िर से छिड़ी है एक नयी जंग
कोन जाने ये तारीख़ अब कौनसा रुख लेगी इख़्तियार

गुफ़्तगू

तुम सूरज हो या
नन्ही सी परी नहीं जानता
पर हर पल तुम्हारा ही
ख़याल है दिल में रहता

फ़िलहाल तुमसे ये दूरियाँ
है मजबूरी मेरी
वादा है जब तुम आओगे इस दुनिया में
पलभर भी ओझल नहीं होने दूँगा नज़रों से मेरी

गुफ़्तगू हमारी चलती रहेगी इस दौरान
तब तक यूँही चलता रहे ये ख़ूबसूरत लम्हों का कारवाँ

गलियाँ

लौट आये है आज फिर उन गलियों में
जहा गुज़ारे थे दिन बचपन के
रूह को छूकर निकली है आज फिर वो हवायें
जिससे कभी तनहायी में किया करते थे बातें

रंगीन शाम

सूरज की लाली थामे
ये शाम है शरमायी
साहिल से टकराती लेहरे भी
जैसे कोई है गीत सुना रही

ये लम्हा यें वक़्त
यही ठहर जाये
तेरी झुमके की ख़नक सुनकर
शब भी है मुस्कुराए

पल पल बढ़ती
ये रात की ख़ामोशी
छिपा रही है दबी आहें
दिल में सुलगते अरमान
अब रोक़ नही पा रही है
दो तड़पती बाहें

शमा की रोशनी तले
यूँ उजला है हसीन मुखड़ा
ज़ाहिर करता हूँ
अपने इश्क़ का क़िस्सा
हथेली पे रखके
चाँद का टुकड़ा

साज़िशें हवा हो गयी

साज़िशे ज़ो घूम रही थी हवाओं में
सारी हवा हो गयी
कुछ काग़ज़ी तफ़तीश होगी याद रहने तक
फ़िर वही कहावत याद आयी
ज़ो बीत गयी सो बात गयी

खुलके ज़ियो

क्यू घुट घुट के जीते हो
ज़माने की बूरी नज़रों के डर से
क्या परिंदा कभी उड़ना रुखता है
ज़मीन पर रेंगने वाले किडो के जलने से

लब्ज़ लौट आये

मसरूफ़ हुए इस कदर ज़िन्दगी में
की शायरी का अंदाज़ ही भूल गये
खोले ज़ो कुछ पन्ने ग़ालिब के
लब्ज़ यूँ बादलों के तरह घिरके आये

उलझन

उलझा है ज़ो दिल
लब्ज़ो की डोर थामे
नज़्म की तलाश में
कैसे बहलाए ख़ुद को
बेमतलब से नुस्ख़ों में

कोई ग़िला शिक़्वा नही थी
उसे गणित और अकाउंट्स की किताबों से
बस परेशानी थी शायर मिज़ाज दिल की
ज़ो चल पडा इक दिन
उसकी चाहत से हमेशा रूबरू होने

पहचान

मुश्किल जो लग रही थी डगर
अब लगने लगी है आसान
एक फ़रिश्ते ने फ़िर से है करा दी
पुराने ख़्वाबों से पहचान

मोबाईल ज़िन्दगी

गली या हो चौराहा
बुढ़ा हो या बच्चा
सभी की चल रही है गुफ़्तगू
पर कोई ना होना चाहे रूबरू

माँ

कभी दुपट्टा पहने स्कूटर चलाती
तो कभी पल्लू सवारे घर संभालती
सदी हो सोलहवीं या एकैसवी
सारी दुनिया है तुम्हारे आगे सर झुकाती

चाहे हो ज़िन्दगी का पहला स्वर
या दिन का प्रथम पहर
हर वक़्त जुबान पे छायी होती
बस तुम्हारे ही नाम की मोहर

कामयाबी ने जिनके कदम चुमे
ऐसे नायाब नगीने दुनिया ने देखे
क्या होता उन्हे ये मक़ाम हासिल
अगर उसकी परवरिश ना होती मुक़म्मल

चाहे सारी दुनिया की दौलत हो हासिल
कर्ज़ तेरे प्यार का कभी ना चुका पायेगी ये दुनिया
तेरी ममता की आँचल की क़ीमत
चुका पाये
इतना कोई भी ना बनेगा क़ामिल

गुलाब

लाल गुलाबी तो कभी सफ़ेद
इस गुलाब के रंग अनेक
मुरझायें भी अगर तो क्या
गुलशन में हमेशा है आबाद रहती इसकी महेक़

नशा

नशा किसे कहेंगे
ये तो हर किसी के नज़रिये पर तय होता
कोई शौक़ को नशा बनाकर है ज़िन्दगी सवारता
तो कोई नशे को शौक़ बनाकर डुब मरता

मैं और क्या सुनाऊ

मैं और क्या सुनाऊ
गिनी चुनी सी कुछ नज़्में है
करवटों भरी रातों में बिताए
तनहाई के सौ अफ़साने है

लौट आया सिनेमा

गुम हो गया था जो अंधेरा कोविड के साये में
वो रोशनी की डोर थामे लौट आया है
सिनेमा हॉल जो पड़ा था वीरान
आज फिर से झगमगाने लगा है

माना कुछ दूरी है ज़रूर
मगर मौजूदगी का एहसास तो है
ख़ामोश थी जो ख़ुरसियाँ
आज फिर हसके गुदगुदाने लगी है

बेरंगी से बन गये थे जो परदे
फिर रंगो से झिलमिलाने लगे है
सुनी पड़ी थी जो दीवारें
आज ताली और सिट्टियों से गूंजने लगी है

खाली पड़े थी जो फ़िल्मी तिजोरियाँ
फिर नोटो और सिक्कों से भरने लगी है
मायूस थे जो चेहरे
फिर से खुलकर मुस्कुराने लगे है

सिमट गयी थी छोटे से परदे में फ़िल्मों की दुनिया
बरसो बाद है बड़े पर्दे पर सिनेमा अपने घर में लौट आया

एहसास

तेरे रुख़ से ना हो सके रूबरू तो क्या
तेरी ख़ुशबू का एहसास ही काफ़ी है
ताज़ुब है क्यो ना समझे ये बात ज़माना
जो हुस्न को बेपरदा करने में ही मसरूफ़ है

जुनून

जो कभी ना है बुझती
ये जुनून वो प्यास है
ख़्वाब को ज़िंदा रखे
ये वो आग़ है

नक़ाब

शक्ल सुरत देनी लगी है धोख़ा
हर किसी ने ओढ़ रखा है जो नक़ाब यहाँ
कोई हसी का नक़ाब ओढ़कर है मायूसी छुपाता
तो कोई मासूमियत का नक़ाब ओढ़े है आँखों में धुल झोंकता
जाने कब ये मंज़र बदलेगा
क्या नक़ाब चेहरे से हटकर असली चेहरा सामने आयेगा

हया की लाली

हया की लाली का ऐसा रंग मेरे यार के चेहरे पे चढ़ा
जैसे शब-ए-बारात में अंजुमन का हो गुलिस्ताँ खिला

चक्कर

सिलसिला शुरू होता है
छुपी छुपायी बातों से
चुपके से छुता है ज़ज्बातो का दामन
अक़्सर संभलते ना इस मोड़ पर
और फ़िसल जाते है बहकते क़दम

दिल - ए - नादान

बहार-ऐ-गुलशन में गुलो की ख़ुशबू है रही महेक़
फ़िर भी क्यो मुरझाई है तेरी चेहरे की रौनक

जवाँ हुस्न

हुस्न है जवाँ
मौसम भी था सुहाना
कैसे ना फ़िर बहकता
ये दिल आशिक़ाना

मातृभूमि

आख़री सासों पे भी उसके
अपने वतन का ही नाम लिखा था
लहू से लतपत था सीना मगर
लढ़ने का जज़्बा बरक़रार था

याद कर अपने घर को
कहा उसने आख़री अलविदा
माना महरूम हुवा किसीका बाप का साया
पर बलिदान से उसके महफ़ूज़ हुवा किसिका ममताभरा आँचल

आज भी उस सरज़मीन पर
ओस की बूँदे है अक़सर छलकती
लगता है की जैसे धरतीमाँ
अपने सपूतों की याद में
चुपके से है आँसू बहाती

चाहे लाख नापाक़ इरादो ने हो
इस ज़मीन पर सरहदों की लक़ीरे खिंची
सदा पाक़ थी और रहेंगी ये मातृभूमी
जो है ईन शहीदों के लहू से है सिंची

हुनर

वक़्त ना तू जाया कर
की मंज़िल अभी बहुत दूर है
गुज़री क़ामयाबियाँ तो आग़ाज़ थी
यूँ अपनी ही ख़ुमारी में जिया ना कर
तू बेवज़ह ना अपनी हुनर पर कर गुमान
वो तो एक चिंगारी है
है जुनून तो भड़कती रहेगी
ना ग़ौर फ़रमाओ तो अपने आप बुझ जाएगी

ईद मुबारक़

चाँद से कह दो
अभी ना चमकना आसमाँ में
किसीकी ज़िन्दगी में घना अंधेरा है
तो कोई अब तक रोज़े में है
फिर कैसे कहु मैं ईद मुबारक
जबतक किसीके चाँद का टुकड़ा
ग़म में डूबा है

दिदार जो ना हुवा ईद के चाँद का
इस बात की ख़ता नहीं
जो तुम पढ़ लो किसी के आँखों का नूर
उससे कोई और मुबारक़ ईद नहीं

कुछ बातें कहनी थी

सबक ना जो मिला मुझे कभी
वो तुमको है बताना
ज़िन्दगी की भागदौड़ में
तुम्हें है क़ाबिल बनाना

अगर पानी है तुम्हें अपनी मंज़िल
तो ये बात याद रखना
हमेशा सही आदतों की राह चुनना
लत से कोसों दूर ही रहना

कोई तुमपे बेवज़ह रोख जताये
तो ना घबराना
तहज़ीब की डोर थामे
डटकर ज़वाब देना

कभी जो सामना करना पड़े हार का
ख़ामका मायूस न होना
सुधारकर अपनी ग़लतियों को
तुम ज़िन्दगी का हर मक़ाम हासिल करना

सही ग़लत का फरक समझकर
हर फ़ैसला है तुम्हे चुनना
कामयाब की बुलंदियों को छूना
लेकिन पैर ज़मीन पर ही रखना

दिल में हो अगर कोई बात
तो खुलकर बोलना
कोई जो टोके बीच में
फिर भी ना हिचकिचाना

ज़िम्मेदारी है मेरी
हर पल तुम्हारा साथ दूँगा
बस ग़लतियाँ मेरी ना तुम दोहराना
हमेशा याद रखना मेरा कहना

गुस्ताख़ दिल

गुस्ताख़ दिल करना
चाहे बदमाशिया
है क़ायल तेरी
ख़ूबसूरती का इतना
ना झिझके करने बेवफ़ाईया

महफ़िल के लफ़्ज़

दिल की गहरायींयो से
कुछ अल्फ़ाज़ निकले है
ये वो ज़ख्म है
जो कितनी मुद्दत से संभाले है

शायरी की मख़मल मैं
लिपटे है लेकिन
कई शाम और महफ़िल
उन्ही से रोशन हुए है

सूरज की छाव

झुलसता है जब सूरज कभी
अपने ही रोशनी की आग में
छिप जाये फिर वो भी कभी
किसी रेशमी बादल की चादर तले

इल्तिजा

रूठा है तू हमसे इससे कोई नहीं शिकवा
ज़िन्दगी से ना तुम यू रूठना
फ़ासले मुलाक़ातों के चाहे बढ़े हमारे दरमियाँ
दुरिया ना बढ़े दिलो के बीच
बस यही है तुमसे इल्तिजा

इसलिए आये लल्ला बनकर...

छोड़ सारी मर्यादाये
कोई पुरुषोत्तम नही बनते
जहा एक धर्म की दीवार तोड है दूसरी बनती
वहा प्रभु खुशीसे कभी नही बसते

बातें ये क़ौम की
अक़्सर होती है चाल सियासतों की
बनता अगर अस्पताल या विद्यालय उस मंदिर की जगह
तो आज शायद कितनी ज़िन्दगियाँ उजागर होती

जहा प्रभुने ना पाला भेदभाव कभी
चखके झूटे बेर शबरी के
किस हक़ से पुकारे उसका नाम
जब एक संतान दूसरे का गला काटे

आधे अधूरे घर में प्रभु को बसानेकी
ऐसी कौनसी है जल्दी आन पड़ी
समझ ना पाये भक्तगण ये खेल सियासत का
इसी बात की प्रभुको पीड़ा होती है भारी

सुना है दिवाली है मनायी जा रही
प्रभु जो है वापस लौट आये अपने घर
भूले है जो पाठ धर्म का बड़े बुजुर्ग
बच्चों को वही पाठ सिखाने आये है लल्ला बनकर

दंगे

करता कोई और है
मरता कोई और है
गली गली में छाता मातम है
हर तरफ़ बस कत्लेआम है

सैंतालिस हो या चौरासी
तो कभी बयानवें तेरणावये
इस दंगे की आग़ में
जाने कितने घर है जलाये

बेबसी किसी की बेमतलब
बनती है दंग़ो का हत्यार
अंधी नफ़रत की आड़ में
बेटी बहनों तक करते बेबस और लाचार

क़ौम किसी की बेवज़ह ही
होती है हमेशा बदनाम
दंगों से ही तो हासिल
किया जाता है सियासत का इनाम

सिलसिला ये ख़वाफ का
सदियो तक यूही चलता रहेगा
इंसानियत का मज़हब भूलकर आदमी
जब तक नफ़रत की आग में जलता रहेगा

दो चाँद

मुन्ना छोटा बड़ा सयाना
घर के अंदर बाहर दौड़ता
इक दिन पूछता आया भीतर
मुझको दिखते दो चाँद
एक दिखता झरोके से
दूसरा दिखता घर के बाहर

देख उसकी छोटीसी परेशानी
मुस्कुराकर कह दिये उसके पिताजी
बेटा चाँद तो एक ही मगर
दिखने लगे दो
जब दिमाग़ से ना सोचे नज़र
वो जो दिखता पूनम का चाँद है बाहर
ईद का भी तो वही है जब झाकोगे भीतर
समझ जब जाओगे ये बात बड़े बनकर
फिर ना कभी दिखेंगे तुम्हें दो चाँद
चाहे घर के बाहर या फिर भीतर

कभी गुमान जो करे चाँदनी

कभी गुमान जो करे चाँदनी
अपनी रोशनी का यूही इठलाते
न भूले वो कभी
एक आफ़ताब भी रहता है
उसी आसमाँ तले

असली रुख़सत

रुख़सत पे मेरी

ख़ामियों का बेझिझक

ज़िक्र किया होता

तो कोई ग़म ना था

झूटीं तारीफ़ो से तेरी

हासिल तो कुछ भी ना हुंवा

जुगनू

गुमनामी के अंधेरों में

चल रहे थे एक जुगनू के सहारे

किसी मंज़िल की तलाश में

दिखा जब एक चाँद तो

यू उलझे उसकी चाहत में

भटक गये राह इस कदर

ना तो वो चाँद हुआ नसीब

और जुगनू भी कही खो गया

नन्ही सी फुलझड़ी

फुलझड़ी एक जलती हुई
इस तरह जगमगायी
जली तो बस चंद लम्हों तक
मगर ख़ुशिया बेशुमार दे गयी

पटाखें के रंग कई बदले सदियो में
लेकिन फुलझड़ी वही रह गयी
बचपन का भी तो बस चेहरा ही बदला है
लेकिन फुलझड़ी से आज भी हर नन्ही मुस्कान है निखरी

कुछ दिये

खुशनसीब होते है कुछ दिये
जो जगमगाते है महलों में
पर रोशन वही होते है दिये
जो अंधेरी गलियों को भी रोशन करते

तो आओ इस दिवाली में
आपस में बाटे कुछ दिये
गुमराह हुवे थे जिस अंधेरे में कभी
रोशन करे उस अंजुमन को
मिलकर जलाके कुछ दिये

कोशिश कर

कोशिश में तेरी कोई ना थी गुंज़ायिश
तू बेवजह ना कर फ़िक्र
जो ना हुवा मुक़म्मल तेरा ख़्वाब अभी तो क्या
तू बस हौसला , सब्र और जज़्बा रख क़ायम
एक दिन काटे ही राह बिछायेंगे तेरी मंज़िल की फूल बनकर

पहल

महक उठा ये जहाँ
सेहरा में जो गुलशन का
दिदार हुवा
एक पहल हूयी जो इतनी ख़ूबसूरत
रोशन होने लगा ये गुलिस्ताँ हमारा

डूबी खयालों की कश्ती

लब्ज़ जो दिल को सहलाते थे कभी
आजकल ख़ून के आसु है रुलाते
कुछ यू डूबी खयालों की कश्ती ज़िन्दगी की मझधार में
के शायद लौटकर ना आये साहिल पे फिर कभी

सालगिरह मुबारक गुलज़ार जी

लब्ज़ो में बयान नहीं कर सकते
ये वो एहसास है
गहराई जिसकी नाप ना सके
ये वो दरिया है
रूबरू आपसे हो सके
बस इतना सा ख़्वाब है
फ़िलहाल सालगिरह मुबारक कहने का
बस ये शायरी ही एक ज़रिया है

रंगो के परे

भिन्न भिन्न रूप अनेक
कही काला तो कही सफ़ेद
रंगो से परे देखेगा जब तू
पिघल जाएँगे सब दिल के भेद

यूँ ना तू चाँद को

यूँ ना तू चाँद को तू तक़ता रेह रातभर
कुछ कर गुज़र ऐसा की वो समाये हथेली पर

कैसे लहराऊ मैं तिरंगा...

कैसे लहराऊ मैं तिरंगा
आज़ादी के अमृत महोत्सव पर
जब नफ़रत के ज़हर में
सुलग रहा है मेरे हमवतन का घर

कैसे ख़ामोश रह सकता है कोई
अपने ही घर के आंगन को जलता देखकर
जो आवाज़ उठा रहा है जुल्म पर
ख़ामोश उसे किया करके उसका परिवार बेघर

किसी का इज़्ज़त की निलामी
सरेआम बिक रही है बेशर्मी की हदे पार करकर
ध्यान बटाया जा रहा अहम मुद्दों से
अपने ही सिपाही की बली चढाकर

अनाज जिसने सिंचा इस ज़मीन में

अपना खून पसीना है बहाकर
उसे ही रोटी का मोहताज कर दिया
देश का ग़द्दार करार करकर

धरम की अंधी पट्टी हटाकर

जब मिल खड़ा होगा हर मज़हब डटकर
तभी लहराऊँगा तिरंगा शान से
असली आज़ादी का जश्न मनाकर

लिखता नही बस टाइप करता हूँ

आजकल लिखता नही
बस टाइप करता हूँ
दरसल अपनी ही लिखावट से
में खुद घबराता हूँ

नये जमाने की ज़रूरत है
कहकर खुदको बहलाता हूँ
सियाही की नज़ाकत है मुझसे रूठ गयी
ये बात सबसे छुपाता हूँ

इसलिए कलम को बाजू रखकर
आजकल कीबोर्ड से इश्क़ जताता हूँ
दिल की बातें तुरंत कागज़ पे उतारने के लिये
अब भी कलम का ही इख़्तियार करता हूँ

सियाही फिर खूबसूरत मोड ले
इस इंतेज़ार में रहता हूँ
इसलिए आजकल लिखता नही मैं
बस टाइप ही करता हूँ

ये जो रंग है...

गालों पे ये जो रंग लगा है
सिर्फ ख़ुशी का नही है
पर हर मज़हब का मेल है
चाहे कल मिट जाये पानी से
पर दिल में सदा सजाये रखना है

बिखरता सपना

देखता हूँ जब रोज़ अपने
सपनो को बिखरता
ज़िंदा तों हूँ मगर
पर भीतर पल पल हूँ मरता

मौक़ा

मौक़े जो देने लगी ज़िन्दगी बेहिसाब
उसे यूँ ही ना जाया करके तौहीन कर तू
क्योंकी यक़ीन है उसे तेरी क़ाबिलियत पर
बस एक बार तबियत से ज़ोर आजमां ले तू

सैर सपाटा

भूले भटके कुछ मुसाफ़िर
आये कुदरत की पनाह में
खेल कूद हसी मज़ाक़ करते
राहत मिली झरनो और बारिश में भीगके

हातो में जाम ना सही
फिर भी माहौल है नशीन
दिलकश नज़ारे देखकर
समा भी हुआ है रंगीन

कही ढल रही है शाम
हया की लाली ओढकर
सूरज भी है छुपने लगा है
किसी की यादों से मदहोश होकर

लेके यादें इस दिन की
गुज़ारे ये साल हंसमिलकर
निकल पडे फिर अपनी मंज़िल पे
यादों का खूबसूरत कारवाँ लेकर

कैफ़ियत किसे करु बयान

कैफ़ियत अपनी बयान करने से भी डरता है दिल
किसी का वक़्त तो जाया ना किया इसी कश्मकश में आजकल
झुलसता है दिल

खोया सुकून

चंद सिक्कों की बात होती
तो साथ भी ना छोडते आपका
हम तो निकल पडे उस सुकून की चाहत में
जो यहा कही गुमशुदा हो गया

एक तारा नसीब में होता

उनके कामयाबी की शौहरत में
हमारी छोटी सी जीत का कुछ तो ज़िक्र होता
चाँद का तुकडा मिले ना मिले सही
एक तारा तो हमारे लिये झिलमिलाया होता

अनसुने सवाल

परेशान होता हू अपने ही पुछे
कुछ सवालों के नज़रअंदाज़ किये जवाबों से
शर्मसार महसूस करता हू आजकल
किसीसेभी अपनापन या फ़िक्र जताने से

आरज़ू

मुक़म्मल हो या ना हो ये ख्वाहिश
ये फ़ैसला किया है हमने रब के हवाले
एक आरज़ू हम भी है रखते
अपने रहभर से रूबरू होने की

आग

मोहब्बत की हो
या हो चूल्हे की
आग तो आग है
आँच उतनी ही रखो
जिससे बात है बन जाती
जो करो छेड़छाड़
तो बनती बात
पल में बिगड़ जाती

भूले जो कभी ख़वाब

भूलने जो कभी अपना ख़वाब तुम
ज़िम्मेदारी के बोझ तले
बस एक बात याद रखना तुम
मुरझाती नही कभी कली
टहनी के बोझ से
जब तक गुलशन में ना
बहार   है आती
उसके रंग और   ख़ुशबू की महक से

आख़िरी शमा ग़ज़ल की

इक आख़िरी शमा जल रही थी ग़ज़ल की शफ़क़ में
आज ख़ामोश जो हुई तो अंधेरा भी तनहा हो गया

चुनाव

कागज़ की एक पर्ची ही तो मोड़नी थी
एक मशीन से शायद काम आसान हूवा
कुछ इस कदर मोड़ बदला चुनाव का
एक उंगली से ही सब तमाम हो गया

ये केस चलती रहती है...
कभी उलझती है तारीख़ों में
तो कभी फिसलती है दफ़ाओं में
कुछ खुशनसीब होती है
जो अदालत में क़दम रखती है
तो कुछ राह तकते तकते बीच में ही दम तोड़ देती है
इंसाफ़ के तराज़ू को हर पल टटोलती है
तो कभी शातिर दलीलो से मात खाती है
अक्सर फ़ैसले के इंतेज़ार में ज़िन्दगी गुजर जाती है
मगर ये केस चलती रहती है...

प्यार की महेक

हर हसीन चेहरे में मुझे
तुम्हारी ही सूरत आती है नज़र
चाहे आवारा भँवरे की तरह भिनभिनाऊ लाख हसीन फूलो पर
लौटकर तुम्हारे ही पास आता हूँ
तेरे प्यार की महेक से मदहोश होकर

सवाल

कुछ जायज़ सवाल ही तो पूछे थे
पर दुरुस्त ज़वाब ना मिले
बशर्ते सवाल पूछने के ख़ामियाज़े भुगतने पड़े
कभी पागल ज़ाहिर किए गए तो कभी दो गज़ ज़मीन के नीचे
गड़े

वो महफ़ूज़ कहा

एक अंजान डर के साये में
हर घड़ी रहती है वो
कई बेग़र्ज़ निगाहों को झेलते
ज़िन्दगी के हर मक़ाम में गुज़रती है   वो

महफ़ूज़ नहीं वो आजकल
घर की चार दीवारों में
तब भी ना था ख़तरे में
जब रहती थी कोठे में

ज़िस्म की नुमाइश है करते
हुस्न के दलाल सिर्फ़ बंद कमरों में
मगर मज़हब में अंधे दरिंदे
खुलेआम हवस का शिकार बनाते दंगों में

दफ़्तर भी अब है महफ़ूज़ कहा
हाल तो और बुरा होता है यहाँ
दब जाती है कई चीखे मजबूरी में
सफ़ेदपोश शैतान बेख़ौफ़ घूमते यहाँ

चाहे कितना भी हासिल करे
ज़िन्दगी में वो मक़ाम ऊँचा

फिर भी दामन बचाते है चलना पड़ता
ऐसे माहौल में वो कैसे रहे महफ़ूज़ भला
आख़िर कौन बताये वो महफ़ूज़ है कहा

कैफ़ियत

कैफ़ियत कैसे करु मैं अपने दिल की बयान
कभी है साँस फुलती तो कभी हकलातीं है ज़ुबान
मज़ाक़ बन जाता है ज़ुबान से निकला हर एक लब्ज़
लगता है जैसे कि थम सी जाती है नब्ज़

बस थोड़ा सा वक़्त दो
बात जो है सीने में दबी कह लेने दो
भले ना महसूस करो मेरे जज़्बात
पर यू अनसुना करके ना ठुकराओ मेरी बात
फ़ितरत से बन गयी है हमारी ये माना
मगर एक दिन कहानी हमारी गौर से सुनेगा ये ज़माना

शमशान

कुछ अधूरी तो कुछ पुरी ख़्वाहिशें सिमटीं पड़ी हैं यहाँ
जाने कितनी तनहाइयाँ क़ैद हैं यहाँ
हर किसी को चाहत हैं जन्नत की
कुछ ही ख़ुशक़िस्मत को सुकुन मिलता हैं यहाँ

लॉकडाउन की नज़दीकियाँ

जब नज़दीकियाँ लगे चूभने

ख़ामोशी लगे बोलने

ऐब सारे सामने आये उभरके

और ऐतबार लगे बिखरने

ऐ दिल-ऐ-नादाँ थोडा सब्र कर

मुश्किल वक़्त ये भी गुज़र जायेगा

टूटा था जो दिल कभी फिर से मुस्कुरायेगा

नयी सुबह

फिरसे चेहरे पे रौनक़ खिल उठेगी

ज़िन्दगी भी मुस्कुरायेगी

गुजरे हुए यादगार लम्हों से हात मिलाकर

नयी रंगीन सुबह लौट आयेगी

अश्क़

कभी खिलते है शबनम की बूँदो की तरह गालों पर

तो कभी ग़म की साये ओढ़कर छलकते है पलकों पर

तुम लाख छुपाओ इन्हे सब से

ये अश्क़ है वो मोती जो कभी ना छिप सकेंगे दुनिया से
बचकर

ज़िल्लत

ज़िल्लत इतनी मिली ज़माने से
के अब तारीफ़ों से इस कदर डरते है हम
कभी जो आसमान हासिल हुवा

तो कई बादलो में ना छिप जायेंगे हम

लौट आया बचपन

खोया था जो बचपन कोविड के अंधेरे में
वो फिरसे लौट आया है
दिवाली के अवसर पर
मुस्कुराहट और शोरगुल से
हर गली मोहल्ला जगमगाया है

पहली मुलाकात

बात जो शुरू हुई थी इंकार से
धीरे धीरे तब्दील हुवी इक्रार में
मुलाक़ातों का सिलसिला बढ़ता गया
दो दिलों का फ़ासला मिटता गया

गिले शिकवे भी बहुत हुवे
पर उसके भी अपने मजे थे
एक नयी जिंदगी के सफर पर मिले
वो खुबसुरत मोड थे

हमारी पहली मुलाकात का जश्न
कुछ यु मनाये
साथ मिलकर एक साल की यादो
का कारवा सजाये

दिवाली बाज़ार

खुला है बाज़ार अरसों बाद
संग लाया है उम्मीदों की फ़र्याद
जगमगाने लगे है ठेलों पे दिये ,तोहफ़े और मिठाइयाँ
ये दिवाली का त्योहार लाया है
खोयीं हुई खुशियाँ बेशुमार

आरे बचाव

सुना है जहा कभी पंछी खुशी से झुमते थे हर डाल पर
बंदर काप उठते शेर की दहाड सुनकर
वहा गुंजेगी अब मेट्रो की आवाज
कही ख़ामोश पेढो के सन्नाटे को चिरकर

कुछ चंद सांसे बची थी
मुंबई की हवावों में
उसे भी छिन लेना चाहते है
तरक्की की आड में

माना की मुक्कमल जहां
सबको जरूरी है
मगर इस लिये हरिभरी जन्नत उजाड़ना
ऐसी भी क्या मजबूरी हैं

आवो मिलकर आवाज उठाये
इस जन्नत को बचाये
आनेवाली नसल के लिये
हराभरा आशिया बनाये

मुझे भी स्कूल जाना है

कड़ी धूप में मज़दूरी हू करता
बहाके अपना खून पसीना
पर मिले जब हात में बस एक सिक्का
कैसे देखू फिर स्कूल का सपना

देखता हू जब मेरे जैसे बच्चों को
स्कूल युनिफॉर्म में रास्ते से जाते
लेकर हाथ में टिफिन और कंधे पे बसता
दिल मेरा भी करता चल पडू स्कूल के रास्ते

बिनती है मेरी सब बच्चों से
ना नाराज़ होना छोटी बातों पे
पढ़ाई के बोझ से ना दर्द होता उतना
जितना होता ज़िम्मेवारी के पड़े छालो से

एक वक्त की रोटी
यूही नसीब ना होती मुझे
जब तक की ना उठाऊ
में ढेर सारे माल के डिब्बे

ना जाने कब पढ़ पावूँगा
स्कूल की मेज़ पर बैठकर किस्सा
जब रोज नसिब में होता है सेठ की
बेतहाशा गालियों से भरा गुस्सा

माना ज़िन्दगी से हू ठुकराया
सर पर ना किसीका साया
हातो की मिटती लकीरो को देखकर
छुपा लेता हू अपने स्कूल का सपना

जनमदिन

ये जो कुछ नगमे है
मैने सिर्फ तुम्हारे लिये चुने है
कुछ पुराने कुछ नये
दिल में तुम्हारी ही तस्वीर रख खे सजाये है

खुबसुरत ना सही मगर
सच्चे दिल से निकले अरमान है
बस तुम्हारा ख्याल दिल में रखते
कागझ पे उतारे है

मैं तो बुझता दिया था
जो तुम्हारे आने से रोशन हुवा है
चाँद तारे ना तोड लावू सही
पर तुम्हारी हर मुमकिन खवाहिश पुरा करने
का जस्बा रखा है

उम्मीद है तुम्हारे जनमदिन पर
मेरा ये पैगाम तुम्हारे दिल को पहुंचा है
जिस तरह तुमने मेरे जीवन को मेहकाया है

अलविदा

इंकार ही सही तुम्हारा, खुशी से सह लेंगे हम

पर तेरी ख़ामोशी पर पल ढाये लाखो सितम

बस एक बार मुस्कुराकर अलविदा कहना

कसम तुम्हारी जिंदगी से ख़ुशी से रुक्सत लेंग हम

जब ना मिले कोई नज़्म

तस्सवुर की कायनात में कल
रात गूमशुदा हुवे हम
ख़याल की डोर थामे
चले गये दिल की गहरायी तक
मगर फिर भी ना मिली कोई नज़्म

सुरक्षा को करे समर्पित जीवन

है असुरक्षित वातावरण
है असुरक्षित जीवन
करे सुरक्षा के प्रती समर्पित जीवन
इसे बनाए अपने जीवन का नियम

क्यों अपनाते हो जोखिम भरे काम
क्यो झूठलाते हो हर पल सुरक्षा के नियम
क्यो लगाते हो दाव पर अपना और दूसरों का जीवन
क्या नही है तुम्हें इसका कोई ग़म
करे सुरक्षा के प्रती समर्पित जीवन
इसे बनाए अपने जीवन का नियम

करे कोशिश यही अक़्सर
ना आए दोबारा भोपाल और धनबाद जैसे अवसर
सुरक्षा को कभी ना दो अंतर
पालन करे सुरक्षा के नियम निरंतर

आओ मिलकर जोडे अपने कर
देखेंगे सपनो को हक़ीक़त में बदलकर
तभी होगा हर जीवन सफल
जब होगा सुरक्षित हर कार्यस्थल
करे सुरक्षा के प्रती समर्पित जीवन
इसे बनाए अपने जीवन का नियम

लिखावट

उस रोज एक खुबसुरत लिखावट देखी
मानो के जैसे अपनी पुरानी शकसियत देखी

हर मोड पे कलम से निकली सिहाई के खुबसुरत कदम
जाने किस दौर मैं चले गये हम
जब कोरे कागज पे लेहराके चलती थी हमारी कलम
साफ दिल से लिखते थे हर एक नज़्म

पर यू जिंदगी के मुश्किलो मैं उल्झे हम
लडखडाते कदमो की तरह बिखरी हमारी कलम
अब भी उसी मासूमियत से लिखने की कोशिश करते है हम
पर बिखरती लिखावट बया करती है दुःखी दि का आलम

एक उम्मीद दिल से करते है हम
मुश्किल ही सही पर जरूर संभलेगी हमारी कलम
ऊसी हौसले से फिर कहेंगे हम
अपनी पुराणी शकसियत से फिर वाकिफ होंगे हम

पैग़ाम

अरसों बाद ये मौक़ा आया है
एक रंगीन शाम संग अपने पैग़ाम लाया है
यु तो तुमसे जुदा होने का ग़म है लेकिन
तुम्हारी तरक़्क़ी का जश्न भी तो मनाना है

माफी

बड़ी मुश्क़िल से पाया है एक हमसफ़र
जिस से बेझिजक बयान कर सकते है दिल का हर आलम

पर हमारे नादान सवालों ने यू परेशां किया उसे
की फ़िर घिरने लगे तनहायी के बादल

शर्मिंदा ही सही पर क़ुबूल करते है हम
की अब ना ढाएँगे यू सवालों के सितम

बेफ़िकर धुआँ

क़ुसूर ना था आग का
वो तो बस बेफ़िकर धुआँ था
चंद लम्हे ही तो बिताए थे इस दुनिया में
पर खूली हवा में सांस लेना गवारा ना हुआ
किसिकी दुनिया तबाह हो गयी
मगर उसे होश कहा था
वो तो बस बेफ़िकर धुआँ था

खाली पन्ने...

डायरी के खाली पन्ने

कुछ कहते है मुझसे

क्यों बाटने बंद किए

तुमने अपने ज़िन्दगी के क़िस्से

रोज़ मर्हा की ज़िन्दगी में

इस क़दर मशग़ूल हो गए

दिल ख़ामख़ा उलझा बेतूक़ी बातो में

और डायरी के पन्ने खाली रह गए

तुम लेते ना यूँ करवटें रातभर

अगर लिखें होते कुछ लब्ज़ डायरी के चार पन्नो पर

माना दिल की हर बात बाटने के लिए मिला है हमसफ़र

मगर कुछ राज़ की बातें उतरती है सिर्फ़ डायरी के पन्नो पर

चलो देर से सही लेकिन

पन्ने आज़ फिर से खुले है

ज़ो डुबे थ अंधेरे में क़मरे दिल के अब तक

बड़ी मुद्दत के बाद आज़ फिर झगमगाये है

क़ोहरे में छुपा ताज

ये क़ोहरा है या किसी साज़िश का पहरा
ना जाने ये ताज छुपा रहा है कौनसा राज़ गहरा

सहमायी शायरी

किताब एक शायरी की
कुछ इस तरह नज़रंदाज़ हुवी
सहम सी गयी कई बेगर्ज नज़रो से
की कभी ना लौटी वापस उस बेजान अलमारी में

खोया हुआ बचपन

देखता हूँ जब अपने बचपन का मुस्कुराता चेहरा
जगमगा जाता है दिल का हर एक कोना अंधियारा
क्या जाने कब वो मासूम सी हसी वापस लौट आए
जिसके इंतेज़ार में कितने तनहा साल बिताए

खेल - कुद की चाहत मैं
ना रहता था होश रात दिन
अब तो बस जिम्मेदारी के बोझ तले
याद करते हैं वो बचपन के सून्हरे दिन

भारत के रतन

क्यू ना दिल आज लिखना चाहे
जिनके बारे में कहना था कुछ बरसों से
क्यू नम है आज सुबह से आँखें
जिनमे हर पल उनकेही सपने रहते

धरोवर जो मिली गौरवशाली परिवार से

उसूलों की पूँजी से और उजागर किया
देश का नमक बनातें बनाते
उसका कर्ज़ भी बखूबी अदा किया

दरियादिली के क़िस्से बेशुमार
पर कभी ना उसका ज़िक्र किया
आपत्ती जो आये समाज में कभी
हर वक़्त इनका ही हात पहले बढ़ता

जो कभी आयी चुनौतियाँ
डटकर लेकिन विनम्रता से जवाब दिया
अपना कारोबार बढ़ाते बढ़ाते
युवा कल्पनावों को भी बढ़ावा दिया

आम इंसान के हर पहलू को
ना सिर्फ़ इन्होंने महसूस किया
नमक से लेके सॉफ्टवेर तक

हर उलझन का मुकम्मल हल निकाला

निजी प्यार से जो हमेशा रहे मेहरूम
पर स्नेहभाव कभी ना हुवा कम
ऊँच नीच के दुजाभाव से हमेशा रहे परे
फिर चाहे हो मज़दूर या अधिकारी उच्चतम

हृदय इनका विशाल इतना
हर कोई दिल में आसानी से समाता
बेज़ुबान दोस्तों से प्यार और लगाव इतना
की शाही न्योता भी रास ना आता

विरल उदाहरण इनके जैसा
शायद ही आजकी घड़ी में देखने मिलता
कारोबार में मुनाफ़े से अधिक
हमेशा जनभावनाओं को अहम स्थान दिया

दास्तान उनकी सुनाते सुनाते
एक सदी भी शायद कम पड़ जाये
एहसान उनका चुकाना चाहे
तो कायनात के सारे तारे भी कम पड़ जाये

हस्ती इनके जैसी सदी में
शायद ही होगी दोबारा
जब भी याद आये लब्ज़ भरोसे का
सिर्फ़ याद आयेंगे रतन टाटा

क़ोहरे में छुपा ताज

ये क़ोहरा है या किसी साज़िश का पहरा
ना जाने ये ताज छुपा रहा है कौनसा राज़ गहरा

ये कैसी मसरूफियत?

मसरूफ़ अपने आप को कहता है ज़माना
पर ताज्जुब हुवा जब ये जाना
व्हाट्सअप पे है बड़ी देर तक चैट करते
फिर पलभर बात करने से क्यों इतराये ज़माना

बहता झेलम

एक दफ़ा वक़्त रुक गया झेलम के किनारे
फिर जो बहने लगा तो कई बिखरे तिनको को छोर मिल गया

रियलिटी शो

गुम सा हो गया है वो दौर सुहाना
जब रियलिटी शो में ना होता कोई ड्रामा
असली हुनर की होती थी सरहाना
जज को भी बखूबी आता अपना फर्ज निभाना

पर अब तो माहौल सा बदला
ग़लतियों को तो नामोंनिशान ना दिखता
मजबूरी का होता सरेआम दिखावा
क्योंकि टीआरपी का खेल हो चुका है सारा

पर इस रियालिटी का एहसान भी है उतना
जिसने लाया सुनिधी और श्रेया का दौर सुरीला
दूर दरास्त में छिपा हुनर ढूँढ लाके
नये अंदाज़ में उन्हें दुनिया को दिखाना

पर अफ़सोस होता जब ये दिखता
हुनर पे बेबसी का भारी हो रहा है पलड़ा
जब बेबुनियाद वोटिंग पर ही सबकुछ तय होता
इसीलिए अब रियलिटी शो से मन है ऊबता

क्यू ना कोई देखता

कुछ रोते है दिल से
कुछ जताने के लिये
अफ़सोस कोई ना
क्यू महसूस करता
दर्द उस दिल का
जो बिना आसू बहायें
पल पल रोज़ दम तोडता

यू रूठा सावन?

देर जो क्या हुवी बरसने में
कही आसू तो कही निकलने लगे पसीने
कुछ तो लिहाज़ कुदरत का रखते
वरना गुम ही ना हो जाये कई सारे सावन के महिने

अनसुने सवाल

परेशान होता हू अपने ही पुछे
कुछ सवालों के नज़रअंदाज़ किये जवाबों से
शर्मसार महसूस करता हू आजकल
किसीसेभी अपनापन या फ़िक्र जताने से

ट्रैफ़िक जाम

कभी होती जल्दबाज़ी तो कभी लापरवाही
कभी कबार ही होता एक्सीडेंट , ब्रेकडाउन या बीच रास्ते मार
पिटाई
वजह एक हो तो बताये कोई
इस ट्रैफिक के सितम से भला बच पाया है कोई

इस जाम का ना होता है
कोई एक ही ठिकाना
गली मोहल्ला तो आम है
हायवे भी इससे ना बच पाता

जो चलता रहे धीमे धीमे
तो दिल को थोडा सुकून रहता
जो बस थम जाये एक जगह
तो फिर बस रब है याद आता

जब होती है इंतक़ाम की घड़ी
कमबख़्त तभी होती सामने खड़ी
इस ट्रैफ़िक के लंबे इंतज़ार में
ना जाने कितनी उम्मीदें टूट पड़ी

बस मैं कैसे भी पहले पोहचु कही
फिर भाड़ में जाये दुनिया सारी
जब तक ये सोच ना बदलती
तब तक नहीं मिटेगी ये ट्रैफ़िक जाम की बीमारी

ट्रोल

लोगों की ख़ामिया ढुंढना सदियों से रहा है ज़माने का रिवाज़
बस इंटरनेट के जमाने इसे ट्रोल कहते है जनाब

कभी निज़ी ज़िन्दगी तो कभी एक कमेंट ख़ामख़ा बनता
बेतूकी ऑनलाइन बातों का क़िस्सा
ना जाने ये ट्रोल करने वाले किस बात का बेवज़ह निकालते है
गुस्सा

कभी किसी की शक़्ल सूरत
तो कभी लिबास को बनाते है अपने मज़ाक़ का शिकार
इस ट्रोल की ज़हरीली बातों से
मासूम ज़िन्दगीया बर्बाद हुई बेशुमार

बस एक पोस्ट ऑनलाइन होने का इनको रहता है इंतेज़ार
फिर जैसे टूट पड़ते है मानो यही है समाज के पहरेदार

माना की अपनी राय ज़ाहिर करना सबका है हक़
पर तहज़ीब की दहलीज़ लांगने का किसीको नहीं है हक़

इस ट्रोल का ना कभी होगा इलाज़
हो सके तो दो इसका मुंहतोड़ जवाब
वरना बस समझदारी से करिये इसे नज़रअंदाज़

काग़ज़ की कश्ती

देखकर झील बारिश की

याद करे वो दिन सुनहरे

सवार होकर काग़ज़ की कश्ती में

फ़िर से लौट चले बचपन में

क्या जाने कब वो मासूम सी हसी वापस लौट आए

जिसके इंतेज़ार में कितने तनहा साल बिताए

खिलौने

बीत गया था जो बचपन

वो संग तुम्हारे लौट आया है

रंग बिरंगी खिलौने साथ लेके

दिल को गुदगुदा रहा है